Petit monde vivant

LES FORÊTS HUMIDES

Molly Aloian et Bobbie Kalman

Traduction de Marie-Josée Brière

Catalogage avant publication de Bibliothèque et Archives nationales du Québec et Bibliothèque et Archives Canada

Aloian, Molly

   Les forêts humides

   (Petit monde vivant)
   Traduction de: Rainforest food chains.
   Comprend un index.
   Pour enfants de 6 à 10 ans.

   ISBN 978-2-89579-477-6

   1. Écologie des forêts pluviales - Ouvrages pour la jeunesse. 2. Forêts pluviales - Ouvrages pour la jeunesse. 3. Chaînes alimentaires (Écologie) - Ouvrages pour la jeunesse. I. Kalman, Bobbie. II. Titre. III. Collection: Kalman, Bobbie. Petit monde vivant.

QH541.5.R27A45614 2012   j577.34'16   C2012-940824-7

Dépôt légal – Bibliothèque et Archives nationales du Québec, 2012
Bibliothèque et Archives Canada, 2012

Titre original : *Rainforest Food Chains* de Molly Aloian et Bobbie Kalman (ISBN 978-0-7787-1997-7) © 2007 Crabtree Publishing Company, 616, Welland Ave., St. Catharines, Ontario, Canada L2M 5V6

Dédicace de Crystal Sikkens
Pour Alexis Vanderwier, avec toute mon amitié

Recherche de photos
Crystal Sikkens

Conseillère
Patricia Loesche, Ph.D., Programme de comportement animal, Département de psychologie, Université de Washington

Illustrations
Barbara Bedell: pages 3 (feuilles, lézard et serpent), 10 (en haut et au milieu), 11 (rhinocéros, sauterelle et feuilles), 25 (sol et bactéries), 27 (grenouille, lézard, graines, feuilles et sauterelle)
Katherine Berti: pages 3 (singe, fruits sur la branche et panthère), 10 (en bas), 11 (panthère, singe, arbre et fruits sur la branche), 12 et 27 (panthère, singe et fruit)
Cori Marvin: page 3 (chauve-souris)
Bonna Rouse: pages 3 (fleur du haut, oiseau, coléoptère et éléphant), 9, 11 (chauve-souris) et 27 (chenille)
Margaret Amy Salter: pages 3 (fourmi, papillon et fleur de gauche), 6, 11 (fleur) et 25 (loupe et plante avec racines)

Photos
Bruce Coleman Inc.: Mark Taylor/Warren Photographic: page 7
iStockphoto.com: Mark Huntington: page 4
© Jurgen Freund/naturepl.com: page 16
Martin Harvey/NHPA: page 22
Photo Researchers, Inc.: Fletcher & Baylis: pages 14 (en bas), 15 et 18; Jacques Jangoux: page 13
Visuals Unlimited: Tim Hauf: page 28; George Loun: pages 14 (en haut) et 24; Inga Spence: page 29
Autres images: Corel, Creatas et Digital Vision

Direction : Andrée-Anne Gratton
Traduction : Marie-Josée Brière
Révision : Johanne Champagne
Mise en pages : Mardigrafe

© Bayard Canada Livres inc. 2012

Nous reconnaissons l'aide financière du gouvernement du Canada par l'entremise du Fonds du livre du Canada (FLC) pour des activités de développement de notre entreprise.

Conseil des Arts du Canada   **Canada Council for the Arts**

Bayard Canada Livres inc. remercie le Conseil des Arts du Canada du soutien accordé à son programme d'édition dans le cadre du Programme des subventions globales aux éditeurs.

Cet ouvrage a été publié avec le soutien de la SODEC. Gouvernement du Québec – Programme de crédit d'impôt pour l'édition de livres – Gestion SODEC.

Bayard Canada Livres
4475, rue Frontenac
Montréal (Québec) H2H 2S2
Téléphone : 514 844-2111 ou 1 866 844-2111
edition@bayardcanada.com
bayardlivres.ca

Fiches d'activités disponibles sur bayardlivres.ca

Imprimé au Canada

Table des matières

Qu'est-ce que les forêts humides ?

Les forêts humides sont des forêts denses qui contiennent beaucoup de grands arbres. Elles reçoivent au moins 250 centimètres de pluie chaque année.

Deux types de forêts

Il existe deux types de forêts humides : les forêts tempérées humides et les forêts tropicales humides. Les forêts tempérées se trouvent dans les parties du monde où les étés sont chauds et où les hivers sont froids. Les forêts tropicales sont situées près de l'équateur, où il fait chaud toute l'année. L'équateur est une ligne imaginaire qui divise la Terre en deux parties égales.

Dans les forêts tropicales humides, il pleut presque tous les jours !

Autour du monde

On trouve des forêts tropicales humides en Amérique centrale, en Amérique du Sud, en Afrique, en Asie du Sud-Est et en Australie. Ce livre porte plus particulièrement sur celles de l'Asie du Sud-Est.

Ça grouille de vie!

Des millions d'espèces, ou sortes, de plantes et d'animaux vivent dans les forêts tropicales humides. Ces plantes et ces animaux se développent très bien dans le climat chaud et humide de ces forêts. Le climat, c'est le temps qu'il fait sur une longue période dans un endroit donné. La température, les **précipitations** et le vent sont des éléments du climat. Quand il y a beaucoup de pluie et de soleil, les plantes poussent en grand nombre. Ces plantes servent de nourriture à de nombreux animaux.

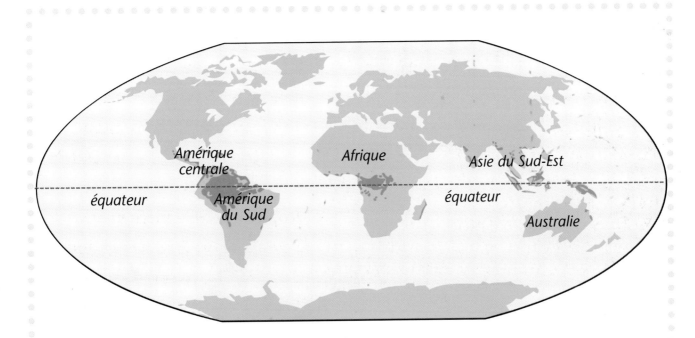

Les zones dessinées en vert foncé sur la carte représentent les forêts tropicales humides. Ces forêts sont situées près de l'équateur. Le quart environ des forêts tropicales humides de la Terre se trouvent en Asie du Sud-Est. Dans ces forêts, la température varie généralement entre 20 et 35 °C.

forêts tropicales humides

Des strates de vie

Comme toutes les forêts, les forêts tropicales humides se composent de quatre étages appelés « strates ». Des plantes et des animaux différents vivent dans chaque strate.

La strate supérieure d'une forêt humide est celle des arbres émergents. Ce sont les quelques arbres dont la cime, ou le sommet, dépasse du reste de la forêt. Ces arbres, qui mesurent plus de 75 mètres de hauteur, reçoivent beaucoup de lumière. Des oiseaux et des chauves-souris vivent dans cette première strate.

La deuxième strate porte le nom de « canopée ». Elle est formée du feuillage des arbres moins grands, dont la plupart atteignent une hauteur de 3 à 12 mètres environ. Beaucoup d'animaux vivent dans la canopée parce qu'ils y trouvent de la nourriture en abondance. Cette strate de la forêt reçoit elle aussi beaucoup de lumière.

La troisième strate est celle du sous-bois. Elle se compose d'arbres plus petits, de lianes et d'autres plantes. Beaucoup d'animaux y vivent. Les arbres émergents et la canopée couvrent une bonne partie de cette strate, qui reçoit donc peu de soleil.

La quatrième strate est celle du sol, ou tapis forestier. Elle se trouve tout en bas de la forêt tropicale humide. Il y fait toujours sombre puisque le soleil n'y pénètre presque pas. Peu de plantes poussent sur le sol, mais beaucoup d'animaux y vivent.

arbres émergents

canopée

sous-bois

tapis forestier

Une bonne protection

Le feuillage des arbres de la canopée est très dense. Il forme une couverture épaisse qui protège le sous-bois et le tapis forestier contre la chaleur du soleil. L'ombre qu'il projette empêche le sol de la forêt de devenir trop sec.

La canopée protège aussi les étages inférieurs contre les fortes pluies et les vents violents. Autrement, ces phénomènes météorologiques pourraient endommager les plantes de ces strates.

Quelques rayons de soleil passent entre les branches de la canopée pour atteindre le sous-bois.

Qu'est-ce qu'une chaîne alimentaire ?

On trouve beaucoup d'organismes vivants dans les forêts tropicales humides. Les plantes et les animaux sont des organismes vivants. Ils ont tous besoin de nourriture, d'eau, d'air et de lumière pour vivre.

L'énergie alimentaire

C'est la nourriture qui fournit aux plantes et aux animaux les **nutriments** nécessaires pour grandir et rester en santé. La nourriture leur fournit aussi de l'**énergie**. Les plantes ont besoin de cette énergie pour pousser. Les animaux, eux, en ont besoin pour respirer, grandir, se déplacer et trouver à manger.

Cet orang-outan ne pourrait pas vivre sans eau.

Ce phasme géant dilaté trouve des nutriments dans la plante qu'il est en train de manger.

Les plantes

Les plantes vertes se servent de l'énergie du soleil pour fabriquer leur nourriture. Ce sont les seuls organismes vivants capables de le faire !

Les animaux

Contrairement aux plantes, les animaux sont incapables de fabriquer leur nourriture. Ils doivent manger pour obtenir des nutriments et de l'énergie. Les animaux ne mangent pas tous les mêmes types d'aliments. Certains se nourrissent de plantes. D'autres se nourrissent d'animaux. Et d'autres encore mangent à la fois des plantes et des animaux. Lorsqu'un animal mange d'autres organismes vivants, il se forme une **chaîne alimentaire**. Le diagramme de droite montre comment fonctionne une chaîne alimentaire.

Le transfert de l'énergie

Les plantes vertes captent l'énergie du soleil pour fabriquer de la nourriture. Elles utilisent une partie de cette énergie et emmagasinent le reste.

soleil

plante

insecte

Quand un animal, comme un insecte, mange une plante, il absorbe l'énergie emmagasinée dans la plante. L'insecte n'obtient toutefois qu'une partie de l'énergie solaire reçue par la plante.

grenouille

Si une grenouille mange un insecte, elle reçoit à son tour une partie de l'énergie qu'il avait absorbée. La quantité d'énergie solaire qui se transmet de cette façon diminue à chaque niveau de la chaîne alimentaire.

Une chaîne à trois niveaux

La plupart des chaînes alimentaires comportent trois niveaux. Les plantes se situent au premier niveau, les animaux qui mangent des plantes forment le deuxième niveau, et les animaux qui mangent d'autres animaux couronnent le tout, au troisième niveau.

Les producteurs

Les plantes sont les premiers organismes vivants de la chaîne alimentaire. Elles fabriquent, ou produisent, leur propre nourriture. Elles sont donc des « producteurs primaires ». Le mot « primaire » signifie « premier ». Les plantes utilisent une partie de la nourriture qu'elles produisent et emmagasinent le reste sous forme d'énergie.

Les mangeurs de plantes

Le deuxième niveau de la chaîne alimentaire se compose d'animaux qui mangent des plantes. C'est ce qu'on appelle des « herbivores ». On qualifie aussi ces animaux de consommateurs primaires parce que ce sont les premiers organismes vivants de la chaîne alimentaire qui doivent consommer, ou manger, de la nourriture. Quand ils mangent des plantes, les herbivores reçoivent une partie de l'énergie qui y est emmagasinée.

Les mangeurs de viande

Les animaux qui mangent d'autres animaux occupent le troisième niveau de la chaîne alimentaire. On les appelle des « carnivores ». On dit également que ce sont des consommateurs secondaires parce que, dans cette chaîne, ils forment le second groupe d'organismes vivants qui doivent manger pour avoir de l'énergie. Les consommateurs secondaires ne tirent de leur nourriture qu'une petite quantité d'énergie solaire.

La pyramide de l'énergie

Cette pyramide montre comment l'énergie circule dans une chaîne alimentaire. Le premier niveau de la pyramide est large, pour montrer qu'il y a beaucoup de plantes. Le deuxième niveau est un peu plus étroit parce qu'il y a moins d'herbivores que de plantes. Le sommet de la pyramide, enfin, est le plus étroit parce que les carnivores sont moins nombreux que tous les autres organismes vivants de la chaîne alimentaire.

La photosynthèse

La photosynthèse est le processus par lequel les plantes fabriquent leur nourriture. Les plantes vertes contiennent un pigment vert appelé « chlorophylle ». Un pigment, c'est un colorant naturel.

La chlorophylle absorbe l'énergie du soleil. Cette énergie se combine ensuite avec de l'eau et du gaz carbonique pour produire de la nourriture. Le gaz carbonique est un gaz présent dans l'air.

Du bon sucre

La nourriture que les plantes fabriquent est une sorte de sucre appelé « glucose ». En produisant ce glucose, les plantes libèrent de l'oxygène. L'oxygène est un autre gaz présent dans l'air. Tous les organismes vivants ont besoin d'oxygène pour vivre.

Les forêts tropicales humides comptent beaucoup de plantes vertes. La quantité d'oxygène qui s'en dégage pendant la photosynthèse est donc plus grande que pour d'autres types de forêts.

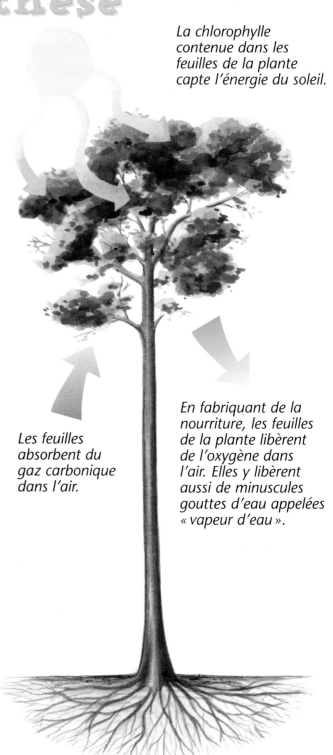

La chlorophylle contenue dans les feuilles de la plante capte l'énergie du soleil.

Les feuilles absorbent du gaz carbonique dans l'air.

En fabriquant de la nourriture, les feuilles de la plante libèrent de l'oxygène dans l'air. Elles y libèrent aussi de minuscules gouttes d'eau appelées « vapeur d'eau ».

Beaucoup d'humidité

Au cours de la photosynthèse, les arbres et les autres plantes des forêts humides absorbent beaucoup d'eau par leurs racines. Mais ils en libèrent en même temps par leurs feuilles. Ils aident ainsi à maintenir une humidité suffisante dans leur environnement. Cette humidité aide d'autres plantes à pousser.

Des échanges essentiels

En trop grande quantité, le gaz carbonique est nuisible pour les organismes vivants. Heureusement, les plantes des forêts humides en absorbent dans l'air pendant la photosynthèse. Elles en emmagasinent une partie dans leurs racines et dans leurs tiges, et transforment le reste en oxygène. Les forêts humides libèrent ainsi d'énormes quantités d'oxygène dans l'air. Si elles n'existaient pas, il y aurait trop de gaz carbonique sur la Terre, et pas assez d'oxygène !

Les grands arbres de cette forêt humide libèrent de l'humidité qui aide des palmiers plus petits à pousser.

Les plantes des forêts humides

Beaucoup de plantes des forêts humides se sont adaptées, ou transformées, pour mieux survivre dans leur **habitat**. Voici quelques exemples de ces adaptations.

Les feuilles de nombreuses plantes des forêts humides ont une longue pointe étroite qui facilite l'écoulement rapide de l'eau. Ainsi, les feuilles ne sont pas endommagées même s'il y a beaucoup d'eau.

De bons compagnons

Les épiphytes, comme celui qu'on voit à droite, sont des plantes qui poussent sur d'autres plantes sans leur faire de tort. Dans les forêts tropicales humides, beaucoup d'épiphytes poussent dans les rainures ou les fissures des arbres. Ils y trouvent des feuilles mortes et des excréments d'animaux, qui leur fournissent les nutriments nécessaires à leur croissance. Les épiphytes absorbent aussi des nutriments dans l'air et dans l'eau. Beaucoup d'épiphytes poussent sur les grands arbres de la canopée pour profiter de la lumière du soleil.

On appelle « plantes hôtes » les plantes sur lesquelles des épiphytes poussent.

Grandes et vertes

Il n'y a pas beaucoup de lumière dans les étages les plus bas des forêts humides parce que les hautes feuilles des arbres de la canopée bloquent une bonne partie des rayons du soleil. Les plantes qui poussent dans le sous-bois et sur le tapis forestier ont dû s'adapter à ce manque de lumière. Les feuilles de ces plantes sont grandes et contiennent beaucoup de chlorophylle, qui leur donne une teinte vert foncé. Elles peuvent ainsi absorber plus efficacement la petite quantité de lumière disponible.

Les grandes feuilles des plantes qui poussent dans les étages les plus bas des forêts humides sont parfois inclinées ou tournées de manière à capter le plus de lumière possible.

Le sol des forêts humides

Dans les forêts humides, le sol n'est pas très épais. Les pluies fortes et fréquentes empêchent la terre de s'accumuler. Ce sont les racines des plantes qui retiennent en place la terre qui reste. Comme les nutriments contenus dans le sol des forêts humides se trouvent près de la surface, les racines des arbres ne s'enfoncent généralement pas en profondeur. Au contraire, elles s'étendent le plus possible juste sous la surface. Puisque les plantes et les animaux absorbent et utilisent les nutriments rapidement, il n'en reste pas beaucoup dans le sol.

Les animaux des forêts humides

Comme les plantes, les animaux des forêts humides se sont adaptés à leur habitat. En fait, la plupart d'entre eux ont un corps bien adapté à la vie dans une strate particulière de ces forêts.

Vivre la nuit

Pour éviter les températures chaudes pendant le jour, certains animaux des forêts humides sont actifs surtout la nuit. On dit qu'ils sont «nocturnes». Ils cherchent leur nourriture la nuit, quand il fait plus frais, et passent leurs journées à se reposer ou à dormir. Certaines espèces de chauves-souris, d'oiseaux, de serpents, de grenouilles et d'insectes sont nocturnes.

Cette roussette vit dans une forêt humide et chaude de l'Indonésie. Elle se repose la tête en bas, accrochée à une branche d'arbre.

De bons marcheurs

Le tapir de Malaisie et le rhinocéros de Sumatra sont des animaux qui vivent au sol, dans les forêts tropicales humides. Ils ont tous les deux des pieds munis de sabots durs et solides. Leurs sabots leur permettent de marcher sur de longues distances pour trouver à manger.

Les créatures de la canopée

Les orangs-outans et les gibbons passent beaucoup de temps dans les arbres de la canopée. Avec leurs grands bras, ils se balancent d'arbre en arbre à la recherche de nourriture. Certains pangolins vivent aussi dans les arbres de cet étage. Ce sont d'excellents grimpeurs. Ils ont une queue préhensile, qui leur permet de saisir des objets. Ils se servent surtout de leur queue pour grimper dans les arbres et s'enrouler autour des branches.

Quand le gibbon ouvre ses bras, ceux-ci peuvent mesurer jusqu'à 2 mètres d'une main à l'autre.

17

Les herbivores

Le rhinocéros de Sumatra vit uniquement dans les forêts humides de Sumatra. C'est une île de l'Indonésie.

Dans les forêts humides, il y a de la nourriture en abondance pour les herbivores ! Ces animaux ne mangent pas tous les mêmes types de plantes. Certains se nourrissent de feuilles, de fruits et de fleurs. D'autres préfèrent les branches, les brindilles et l'écorce des arbres.

De grands herbivores

Certains herbivores des forêts humides sont petits, mais d'autres sont beaucoup plus gros. Le rhinocéros de Sumatra est énorme. Il peut peser entre 450 et 900 kilos ! Il se nourrit de branches, de brindilles, d'écorce, de feuilles et de fruits. À l'âge adulte, il peut manger jusqu'à 50 kilos de nourriture en une seule journée !

La pollinisation

Certains des oiseaux, des insectes et des chauves-souris des forêts humides se nourrissent de nectar et de pollen. Le nectar, c'est un liquide sucré qu'on trouve dans les fleurs. Et le pollen est une sorte de poudre jaune fabriquée par les plantes. Pour produire des graines, les plantes ont besoin du pollen provenant d'autres plantes de la même espèce. Les oiseaux, les insectes et les chauves-souris qui se nourrissent de pollen aident à transporter ce pollen d'une plante à l'autre. C'est ce qu'on appelle la « pollinisation ». Quand ces animaux se posent sur des fleurs pour boire du nectar ou manger du pollen, une partie du pollen se colle sur leur corps. Ils transportent ce pollen vers les autres fleurs sur lesquelles ils vont se poser par la suite, et c'est ainsi que se fait la pollinisation. Les plantes ainsi pollinisées peuvent produire des graines, qui donneront de nouvelles plantes.

Pendant que ce papillon boit du nectar, un peu du pollen de la fleur se colle sur son corps. Le papillon transporte ce pollen avec lui et le dépose ensuite sur une autre fleur.

Les carnivores

La plupart des carnivores des forêts humides sont des prédateurs. Les prédateurs sont des animaux qui chassent et qui mangent d'autres animaux, qu'on appelle leurs «proies».

Un rôle important

Les prédateurs sont utiles dans les chaînes alimentaires pour deux raisons. D'abord, ils contribuent à limiter l'augmentation des **populations** d'autres animaux. S'il y avait trop d'herbivores dans les forêts humides, ils mangeraient trop de plantes.

Les prédateurs gardent aussi les populations d'animaux en bonne santé en chassant ceux qui sont faibles, vieux ou malades. Quand des prédateurs éliminent ces animaux des chaînes alimentaires, les animaux forts et en bonne santé ont plus de nourriture à manger.

Le gavial (ci-dessus) est un prédateur des forêts humides. Il mange du poisson.

Secondaire ou tertiaire

Quand un prédateur mange un herbivore, il est considéré comme un consommateur secondaire. C'est le cas par exemple quand une panthère longibande mange un cerf. Quand un prédateur chasse et mange un autre carnivore, il devient toutefois un consommateur tertiaire. Le mot « tertiaire » veut dire « troisième ». Les consommateurs tertiaires forment le troisième groupe d'animaux de leur chaîne alimentaire qui doivent manger pour obtenir de l'énergie.

La vie au sommet

Contrairement à la plupart des animaux des forêts humides, les panthères longibandes n'ont pas de prédateurs. Elles ne se font pas manger par d'autres animaux. Elles se trouvent donc au sommet de la chaîne des prédateurs dans les forêts humides de l'Asie du Sud-Est. On dit que ce sont des prédateurs « apicaux ». Ces panthères chassent et mangent différents animaux, par exemple des cerfs, des singes, des cochons sauvages, des chèvres, des grenouilles et des lézards.

La panthère longibande se cache souvent dans les arbres pour attaquer ses proies par surprise.

Un peu de tout !

On appelle « omnivores » les animaux qui se procurent de l'énergie alimentaire en mangeant à la fois des plantes et d'autres animaux. Les omnivores sont aussi ce qu'on appelle des « opportunistes ». Ils mangent à peu près tout ce qu'ils trouvent.

Des graines qui voyagent

Les calaos, comme le calao rhinocéros qu'on voit à gauche, sont des omnivores. Ils se nourrissent de fruits, d'insectes et de serpents. En mangeant des fruits, ils contribuent à disperser, ou à répandre, les graines contenues dans ces fruits. Quand ils volent d'un endroit à l'autre, les calaos transportent ces graines à l'intérieur de leur corps. Ils les déposent ensuite, avec leurs excréments, sur le sol de la forêt. Certaines de ces graines donneront de nouvelles plantes, qui fourniront de la nourriture aux animaux de la forêt.

De grands omnivores

Les orangs-outans sont des omnivores qui se nourrissent dans les arbres pendant la journée. Ils mangent des figues et d'autres fruits, de même que des feuilles, de l'écorce et des fleurs. À l'occasion, ils mangent également des insectes et des œufs d'oiseaux.

Les orangs-outans se déplacent en s'accrochant à des branches ou à des lianes avec leurs longs bras et leurs mains puissantes. Ils peuvent aussi marcher sur les branches des arbres. Ils parcourent parfois de grandes distances pour trouver des arbres chargés de fruits.

Les mangeurs de restes

Certains animaux des forêts humides sont ce qu'on appelle des « charognards ». Ils se nourrissent de charogne, c'est-à-dire d'animaux morts. Ils tirent leur énergie des nutriments contenus dans cette charogne. D'autres organismes vivants, nommés « décomposeurs » ou « détritivores », se nourrissent de détritus. Les détritus, ce sont des plantes et des animaux qui sont morts et qui sont en train de se décomposer. Les décomposeurs prennent tous les nutriments contenus dans les détritus, jusqu'à ce qu'il n'en reste plus. Dans les forêts tropicales humides, les détritus se décomposent rapidement parce qu'il y a beaucoup de décomposeurs qui s'en nourrissent.

*Les **bactéries**, les champignons, les escargots, les vers et les termites, comme ceux qu'on voit ici, sont des décomposeurs des forêts humides.*

Une énergie utile

Sans les décomposeurs, une bonne partie de l'énergie et des nutriments contenus dans les chaînes alimentaires des forêts humides serait inutilisée. Les décomposeurs aident les plantes et les animaux des différents niveaux de la chaîne alimentaire en remettant dans le sol les nutriments que contenaient les organismes morts.

L'ajout de nutriments

Beaucoup de décomposeurs vivent dans le sol. Quand ils y laissent leurs excréments, les nutriments qui se trouvent dans ces excréments se mélangent au sol. Les plantes des forêts humides utilisent ces nutriments pour pousser et être en bonne santé. Quand il y a beaucoup de plantes, les herbivores ont de la nourriture en abondance. Et quand il y a beaucoup d'herbivores en bonne santé, les carnivores ont eux aussi beaucoup à manger.

La chaîne des détritus

Quand des feuilles ou des brindilles tombent, elles deviennent de la matière morte qui s'ajoute au sol.

bactéries

Les décomposeurs présents dans le sol, comme ces bactéries, mangent cette matière morte et absorbent certains des nutriments qu'elle contient. Ils libèrent ensuite une partie de ces nutriments dans le sol.

Les nouvelles plantes utilisent les nutriments du sol pour pousser et rester en santé.

Note : Dans la chaîne alimentaire des détritus, les flèchent pointent vers les organismes vivants qui reçoivent des nutriments.

Les réseaux alimentaires

Les plantes et les animaux des forêts humides font presque toujours partie de plusieurs chaînes alimentaires. Chacune de ces chaînes se compose de plantes, d'un herbivore et d'un carnivore. Quand un animal d'une chaîne alimentaire mange une plante ou un animal d'une autre chaîne, les deux chaînes s'entrecroisent. Lorsque plus de deux chaînes alimentaires s'entrecroisent, elles forment un réseau alimentaire. Il peut y avoir beaucoup de plantes et d'animaux dans les réseaux alimentaires des forêts humides.

Comme la plupart des insectes des forêts humides, ce scarabée vert fait partie de plusieurs chaînes alimentaires.

Un réseau d'énergie

On voit ici un réseau alimentaire caractéristique des forêts humides. Les flèches pointent vers les organismes vivants qui reçoivent de l'énergie.

Les panthères longibandes mangent des grenouilles, des lézards et des singes.

Les nasiques sont des singes qui se nourrissent de fruits, de graines et de feuilles. Ils mangent aussi des insectes.

Les grenouilles et les lézards mangent des insectes.

fruit, graines et feuilles

Les insectes des forêts humides mangent des feuilles et d'autres aliments végétaux.

27

Des forêts en difficulté

Comme beaucoup d'autres forêts à travers le monde, les forêts humides d'Asie du Sud-Est connaissent de graves difficultés. En fait, beaucoup de scientifiques pensent que ces forêts sont parmi les endroits les plus menacés sur la Terre. Et c'est surtout à cause des humains. Chaque année, des gens détruisent d'immenses parcelles des forêts humides d'Asie du Sud-Est. S'ils continuent au même rythme, ces forêts disparaîtront bientôt de la Terre pour toujours!

Bois et bêtes

La destruction des forêts humides d'Asie du Sud-Est résulte en bonne partie de l'exploitation forestière, c'est-à-dire de la coupe des arbres dans le but d'en vendre le bois. Les gens achètent ce bois pour fabriquer du papier, ou encore pour construire des maisons, des meubles et d'autres objets. Quand on abat ainsi des arbres dans les forêts humides, on entraîne la mort de plantes et d'animaux qui ne peuvent pas vivre ailleurs. C'est ainsi que certains animaux des forêts humides sont aujourd'hui menacés. Ils risquent alors de disparaître pour toujours à l'état sauvage. Si les gens continuent d'abattre des arbres dans les forêts humides d'Asie du Sud-Est, il y aura encore plus d'animaux menacés.

Défricher pour cultiver

Chaque jour, des gens **défrichent** aussi d'immenses parcelles des forêts humides pour y pratiquer l'agriculture. Les agriculteurs font pousser surtout des plantes qui se mangent. Ils gardent ces plantes pour eux-mêmes ou les vendent à d'autres personnes.

Comme le sol des forêts tropicales humides contient peu de nutriments, les plantes cultivées n'y poussent bien que pendant quelques années. Quand il ne reste plus de nutriments dans le sol, les gens doivent donc défricher encore d'autres parcelles de forêt pour continuer à y faire pousser des plantes.

Des chaînes brisées

Le défrichage et l'abattage des forêts humides nuisent aux chaînes alimentaires de ces forêts. Quand des plantes sont détruites, les herbivores trouvent moins de nourriture. Ils risquent donc d'être en moins bonne santé. Et s'il n'y a pas assez d'herbivores, les carnivores risquent eux aussi de ne pas avoir assez à manger. Certains peuvent même mourir de faim!

Les agriculteurs détruisent parfois les arbres des forêts humides pour planter des palmiers à huile. Les fruits de ces arbres (à droite) servent à fabriquer de l'huile de palme, que beaucoup de gens utilisent pour faire cuire leurs aliments.

29

Protégeons les forêts !

Cette mère orang-outan et son bébé vivent dans un parc national d'Asie du Sud-Est. Toutes les plantes et tous les animaux qui vivent dans ce parc sont à l'abri du danger.

Dans certains pays d'Asie du Sud-Est, les gouvernements ont créé des parcs nationaux dans les forêts tropicales humides. Les parcs nationaux sont des zones que des gouvernements cherchent à protéger contre différentes menaces. On trouve souvent des *rangers* dans ces parcs nationaux. Les *rangers* sont des gens qui patrouillent les parcs pour surveiller le territoire et s'assurer que personne ne fait de tort aux plantes et aux animaux.

Au secours des orangs-outans

L'exploitation forestière, le défrichage et les feux de forêt détruisent les habitats de nombreux animaux, dont les orangs-outans. En Asie du Sud-Est, des gens sauvent les orangs-outans qui vivent dans ces habitats menacés. Ils les amènent dans des **refuges** et, quand le danger est passé, ils réintroduisent ces animaux dans la forêt où ils vivaient.

Pour faire ta part

Même si tu vis loin des forêts humides, tu peux contribuer à leur **conservation**. Il y a beaucoup de choses que tu peux faire chaque jour, avec ta famille et tes amis, pour aider à protéger les plantes et les animaux des forêts humides.

Moins de papier

Il y a un moyen très facile d'aider à protéger les forêts humides : c'est d'utiliser moins de papier. Tu peux y arriver de différentes façons.

Par exemple, tu peux écrire sur les deux côtés des feuilles plutôt que sur un seul. Tu peux utiliser des serviettes en tissu plutôt qu'en papier. Tu peux demander à tes parents de prendre des sacs en tissu quand ils vont au supermarché. Et bien sûr, n'oublie pas de recycler ! Si tout le monde utilise moins de papier, les compagnies d'exploitation forestière n'auront plus à couper autant d'arbres dans les forêts humides.

En utilisant moins de papier, tu peux aider à protéger les habitats de nombreux animaux des forêts humides, comme ce tigre de Sumatra.

Glossaire

bactérie Minuscule organisme composé d'une seule cellule, qui est présent dans le sol, dans l'air et dans l'eau

chaîne alimentaire Suite d'organismes vivants qui en mangent d'autres et qui se font manger à leur tour

conservation Action de protéger certaines choses, par exemple des plantes ou des animaux, contre différentes menaces

défricher Détruire la végétation d'une forêt en vue d'y cultiver le sol

énergie Force que les organismes vivants tirent de leur nourriture et qui les aide à grandir et à rester en santé

habitat Endroit où une plante ou un animal se retrouve dans la nature

nutriments Substances qu'on trouve dans les aliments et qui aident les organismes vivants à grandir et à rester en santé

population Nombre total de plantes ou d'animaux d'une même espèce qui vivent dans un endroit donné

précipitations Chutes de pluie ou de neige

refuge Endroit sûr où des animaux peuvent vivre si leur habitat devient dangereux ou malsain

Index